# KoSas qE pasaN 1ª PARTE

El sendero de oro y espinas
Vendrán
Soliloquios

Título: Kosas qe pasan.
Autora: Antonio Mateos
I.S.B.N.: 84-8454-294-7
Depósito Legal: A-1019-2003

Edita: Editorial Club Universitario - Telf.: 965 67 61 33
www.ecu.fm

Printed in Spain
Imprime: Imprenta Gamma - Telf.: 965 67 19 87
C/. Cottolengo, 25 - San Vicente (Alicante)
gamma@gamma.fm
www.gamma.fm

Este pekeño entretenimiento se lo dedico a mis amigos los muertos

Ha algunos vivos que estan muertos

sobre todo a los k he plagiado

y

en especial

y

sobre todo

y

por encima de todos

a ella

la de las sopas

de

HaJos

LA rUvIA de LOS CoONES

Este manucristo se termino de escrivir el dia 26 de diciembre de 1999 despues de Jota Ce a las 14.10 del jodio reloj del puto ordenador.

Hoy no es un buen dia
mañana tampoco
pero no importa

Acaba el año
pa variar en cuesta
pero no importa

No hay planes
No hay promesas
No hay mas que derrota
pero no importa

ELLA
esta en la cocina
haciendo
sopas de hajos

Eso si que importa.

Tenemos que acabar
Tu mirada casca
No podemos seguir
Uno sigue al otro
No te rías
Esto es el fin
Busca y encuéntrame

Antes
Después,
seguro que te encuentro
No queremos, querer
Nos daremos un festín,
merecerá la pena.
Sí a tí te la suda
imagínate a mí

No intentes, conseguirme
soy un tío fácil
Hoy estoy.
La boca del estomago
Atenaza.
Tus piernas,
siempre vuelvo a ellas
joer,
que agustito estoy con las desgarbadas
y sobre todo contigo, fea

Se acabo el sentir para la galería,
por que tengo que buscar rimas,
si no veo tus colores
Que se jodan ellos
Que me joda yo
tu no
No jodas
No me jodas,
a mí no
Por que se cabrean

Sí tus bragas
es lo real
es lo único
es lo que me interesa

Palabras sonantes,
consonantes, hilarantes
Rimas, colores, armonía
desigualdad
Es lo que siento,
cuando me comparo envidioso
de tus bragas
de encajes
de algodón
de sedas
de tejidos plásticos,
sintéticos,
donde busco
y encuentro
ese bello rizado, aterciopelado
melocotones de tu cuerpo
adentrados dentro y fuera
de mí.

Sin tí
Sin tu calor
Sin tu sudor
Sin tu tabaco,
cojo unos mosqueos del carajo

Mi princesa, ves
rimas fáciles
estúpidas
decididas
inconexas,
pero que quieres
que diga,
si me pierdo por el calor

que nunca he sentido
que nunca sentiré,

para variar, joder,
de debajo de tus bragas.

Tengo mucha gana,
de cogerte la mano,
ir juntos
paseando
a por tu, mi tabaco
Aunque ya, no fumamos
Aunque ya, si follamos

Siempre juntos
Siempre separados

Tú que dices, princesa

Mejor nos vemos
Discutimos sin peleas,
toda esta rara historia
de tus bonitas
preciosas
elásticas
e indeformables
Bragas.

Mí lugar esta vacío
El hueco de mí armario,
lo empotre contra la pared.
No encuentro mí sentido.

¿Que lado de la cama es el mío?
Cariño, te has vuelto a mear fuera.
No seas jodío, me dicen.

Que sabrán,
donde hay que mear,
si lo que quiero es follar
!Cojones!

Donde esta mí sitio
Donde será mí lugar
Y el puto armario
Donde está.

Que no daría
por tu boca roja,
una sonrisa, una caricia.
Joder nena,
eres una novia estupenda

Tío  esta tremenda
Si esta coladita.
Tengo una novia,
que no me la merezco
Dicen.

Te estaba buscando, la nena
Tu eres el único que la entiendes
Yo, si es cierto
la entiendo,
aunque anoche no estuve con ella.

Tu sabes lo que quiere
ya, la nena es muy jodia
tendré que ir a verla.
Mi novia la tristeza,
anda llamando de puerta en puerta

La soberana tristeza,
sino se hace unos besos, conmigo
Siempre
Siempre se queda,
con el primer primo que encuentra.

Pero tíos, no se que les doy
que todas se vuelven locas,
menos la jodia y loca tristeza,
que coño,
esa es la única que no me suelta.
que cojones,
esa es la única que no se me queja.

Buenas, que tal
ah, eres tu,
si soy yo, el cabrón.

Os recuerdo los slogan
Os recuerdo las pancartas.
Tenía 16 años
y ya tomaba drogas.

Joder que gozada
Todos volando y follando,
la pasma, acojonada.

Descojónate de todo
Vive la vida amarga
Que no te jodan y mientan
Los politicastros de mierda
Con esas cuatro palabras.

Sí, soy yo
ese jodido cabrón.
Paz, amor, libertad
y sexo, mucho
sexo en el camión.

Suma y
sigue
muchacho,
más tarde,
más temprano,
la vida te pasa, las facturas

No pienses escapar
muchacho.
Tarde
Temprano
Vendrán a cobrar

No te quejes
ni te lamentes,
no me llores
nene,
te lo has pasao de coones

Paga,
paga muchacho
cuanto antes,
el sol,
nunca se pone en esta orilla

No te escondas,
ni te confíes,
el cobrador es muy amable,
pero al final,
el hijodeputa
siempre encuentra,
al que persigue.

Te necesito acostada
Tu crees que levantada
Tiempo llevo soñando
Tu sueño enredado
Sí no existieses
Tendría que inventarte.

Noches dulces
Noches amargas
Tú siempre me encuentras
Yo te necesito
Te busco
Más, siempre, nunca, estás.

Con la luz del día,
te abandono.
Con la luz de la tarde,
te ensueño.
Con la luz de la luna,
me duermo.

Sentirme en medio
De un poema
Atribulado por el conocimiento
Tardío.

Esas partes de detrás del espejo
Roto y astillado en pedazos
Reflejando en mil cachitos
Tú rostro.

Rostro que nunca ha de borrarse
De mis ojos
De mi cabeza
De mi dura cabeza.

Andando despacio, suave
Para no perderme,
Para no molestar
Para no quejarme
Para no saber ni donde estás.

Caliente
Duro
Servil
Como me prefieres
Me sirvo frío
Con hielo

Tu aprieta
Luego cuando
Salgan los morados
Veremos
Jodía
Quien se queja

Dispara
Comeme
Me dejo
Soy todo tuyo
De ellos
Mientras
Estas tú
No importa

Morir
Matar
Nacer
Crecer
Envejecer
No te preocupes
Nos fumamos uno y
Follamos.

Mientras
estas tú
No me importa

Y a tí
Te importa.

Buenas,
se puede
prueba, a ver ke pasa
no, era por si te moskeabas
no, chiko trankilo.
aquí no mordemos.
Ah, vale, gracias,
pero es que últimamente,
no sabe uno a que atenerse.
Estáis un poco violentas.

La has visto,
a quien,
a ella,
no se, creo que no.
Además no se quien es ella.

Joder, tía
quien va a ser.
La mas bella
La mas hermosa
La mas mejor de todas
La puta y jodia botella

Creo que deberías cambiar de novia
Hace unos canutos
bueno,

Si tienes razón
unos canutitos alegran
esta mierda de tristeza.

Creo que cambiare de nena
Mejor unas risas
que estar todo el día
potando por la puta botella

Tu mirada escarba,
que sabrás de mi verdad
Anoche en la escalera
no encontré el interruptor,
menos mal que tu mano,
me cogió antes de tropezar.

Por el día comienzo,
tiro como puedo.
Tu mundo debe ser real,
sino, algo debe andar mal
Vaya quedada te has pegado
con mi realidad.

Joder, y yo,
creí, que me querías
Tu sigues,
Comienzas
Avanzas,
crees que estás en tu despertar,
no chiquilla, aún no,
trankila, tienes tiempo,
para empezar a cascar.

Pesaditas las nenas,
cuando no las quieres,
las princesas, se ponen inquietas.

Pesaditas las nenas,
cuando las quieres,
contigo se quedan, las reinas.

¡Pero que coño!

Las jodidas estan, muy buenas.

Cansado estoy, ya
Joder,
de contar historias.

Princesas
Brujas
Malvadas,
mis mujeres son ellas
las mejores,
para mí.
Las mas mejores de todas
Las mas bellas.

Cansado estoy, ya
joder,
de tener tanta suerte con ellas

Tendría que decirte
lo que me significan,
esas dos bolas parduscas
color miel profunda,
para que entendieras.

Tendría que contarte
mi historia.
Pero esta noche.
Cansado estoy, ya
Joder,
de contar mi historia

Con tu sonrisa
podría animarme,
olvidar
este cansancio

Ven nena,
ven a revolcarte
hasta hartarnos

Empezaremos
juntos
y separados
Tú historia

Disfruta,
nena.
El sendero de oro y espinas
nos espera

No quiero
estar,
andando detrás de ti.
Solo quiero
besar

No quiero pensar.
Solo existo
si me piensas.
¿Me piensas, nena?

No quiero
saber.
Quien será,
el que me cubra la espalda
cuando vengan por mí.

Porque es seguro,
vendrán
Esos cagaos.
He roto sus reglas
Enamorado a sus princesas
Las normas de tu tribu,
ya no me interesan.

Versos tristes,
tengo en esta noche.

El sendero de espinas,
creo que me invita.
Disculpa estos días
Nena,
no puedo faltar a su cita.

Déjame,
quiero estar solo
No me inquietes, con tus muslos
No me incordies,
nena,
con esos glúteos redondeados
Hoy quiero solo
Solo.

Estate quieta.
Hoy no,
no quiero saber nada,
nada de tus pecas
ni de tus pezones rojizos,
y enhiestos, con su gota rezumando.
Hoy quiero solo
Solo.

Estate quieta
No me cojas,
no me beses, ni lo intentes,
no me restriegues las tetas.
Te digo que
Hoy quiero solo.
Solo,
con mi turba interior.
Solo,
con mi dolor de cabeza.

Estas sola
Cansada
Triste
No te preocupes
No te acongojes
Acarícіame,
mientras tanto

Recibos
entregados
Una carta, no llegó
Tu carta.

Tu sombra,
en el jardín, junto
a mí.

Anoche
no dormí
Para qué.
La espera acojona
al mas pintado.

Llegó el telegrama
"no me esperes a dormir"
para qué,
quiero dormir
Si no tengo sueño,
Si no tengo los sueños
Sí no quiero tu sueño.

Además
no quiero acostarme,
solo.
para qué.

Que te crees
Que te esperas
Que entre la primavera.
¡ Joder! no sabes,
que aun no ha venido.

¿ Todavía no es primavera
en el corte ingles ? !joder!

# ITZIAR, ALICIA, DETRAS DEL JODIO ESPEJO

Imagino tus pechos
Transgresores en mi boca
Zúmbame con tu cintura
Inclínate
Arráncame mis jugos
Respiraremos juntos tu néctar

Arrancar, de tu boca una sonrisa
Lucirá como una brisa en mi almohada
Imaginemos
Cuantas veces lo haremos
Incluso podremos repetir
Amor, dulce caramelo, detrás del espejo

Derrótame con tus muslos
Empuja fuerte jodía
Tu sabes lo que quiero
Remuévete en mi polla
Astuta Alicia
Sella mi boca con tu pecho

Duros pezones cárdenos
Enhiestos bajo tu blusa
Ligeros bambolean

Jugar, con tu culo
Oprimir, tus nalgas con mis dedos
Dios
Incluso puedo correrme
O solo lo sueño

Esconde tu furor
Siente despacio
Pausadamente, casi en silencio
Es mejor para gozar
Jíbara de mis locuras

Hostias
creo
dudo
pero te tengo,
te tengo en mi sueño

Hoy
Estoy
Bien.
Eso
Bien
Jodido
Estoy, hoy

Me levanto
Me ducho
Me afeito
Me pongo, guapo.

Desayuno
Antes de salir
Cago. ( o me cago)

La calle
La gente
La acera
Piso una mierda de perro
Empezamos bien.

El coche
La alarma
La llave
Arranco ( o me arrancan)

El semáforo
Los niños
La vieja
El semáforo
El guardia
El atasco
y por fin, el trabajo

Hubo un tiempo de cordura
la edad no ha calmado mi sed
al contrario, me agosto y rompo.
No guardo rastros de certezas, en mi memoria
Te persigo iluso,
Te escapas y,
retuerces en vano.

Sabes que la humedad, mata mi ser
Necesito el sol y sobre todo
Tú calor.
Tú, tienes miedo de que la luz
te descubra.

Haces lo que quieres
No me pongas las piernas encima
No ves que soy frágil
No ves que soy delicado

Tengo que decirte algo
Anoche no fui al cine
Me puse ciego a copas.

Tenia dudas
Sobre mi potencia sexual
Joder, chiquilla aprietas demasiado
luego me salen morados

Ya sé, mi niña
Te has liberado
Pero no hace falta
Que me rompas el tallo.

No ves niña, que los hombres
Tenemos complejos,
no ves que ahora
los hombres, somos frágiles
Frágiles y muy delicados.

Sientes el sudor
recorrer tu cuerpo,
no controlas el termostato
tendrás que llamar al técnico

Hola, soy el técnico
chiquilla,
que le has hecho al aparato
esta pa el arrastre.
Demasiado calor
tiene tu cuerpo

Si quiere,
por un módico precio
lo puedo dejar como nuevo.
Esta un poco un viejo
pero bien fabricado
Duro
Fiable
Longevo,
aunque un poco obsoleto.

Disculpe,
de que estamos hablando
creo, que no me entero.

Fácil
De ti
De mi
Del calor,
que emanan nuestros cuerpos

Pues menos mal
que los dos tenemos tabaco
y fumamos
y follamos.
por fin.......

Sueños escondidos
El mierda de espejo,
ya me ha jodido el día
A mediodía,
aún, confío
Por la tarde,
aturdido me quedo
Para variar,
me acuesto escocido.

## COSAS QUE PASAN (soliloquios)

No salgas
Hace frío
Esta oscuro
Mala gente
Escucha tu sonido
Te gusta
¡No!

¡No jodas?
si esta de muerte
¿quién? la rubia
claro, de que quieres hablar
No te jode.
¡No! no jodo, más quisiera,
eso ¡Joder!

Bueno,
si empezamos así
la vamos a cagar
Sí, es verdad
siempre acabamos igual.
Hablando de tías y
empalmaos.
claro, de que quieres hablar
¿Tomamos otra?
vale, de acuerdo

Camata, pon dos mas.
La mía, que sea rubia.
Será cabrón
encima se queda con el barman.
No se porqué, pero siempre hablo solo
¿Estaré, pirao?
Sonrío, y

me río del capullo de yo mismo.

Tenerte escondida
detrás de mi cabeza
no sirve.
Entras,
sin llamar siempre.
No se,
que quieres.
Todo
mi todo.

Me encantaría
darme
Todo,
pero no soy nada.

A veces,
puedo ser
más que todo
más que todos
más de lo que puedes tragar.

Me quieres
Todo
Yo,
me dejo.....

Esta noche
No quiero soñar

Esta noche
No más nenas, escondidas en la oscuridad

Esta noche
Necesito jugar

Esta noche
No quiero fumar

Esta noche
Me hace falta sudar

Esta noche
No pienso levantarme a mear

Esta noche
Agradecería temblar

Esta noche
Rubia de bote, te toca realidad

Esta noche
Niñata, solo quiero follar

Esta noche...

Fumas
no, no fumo,
eso esta bien
Entonces
Entonces qué,
que si follas
tampoco
Entonces
Entonces qué,
nada niña, creo que nada
como que nada
pues eso, nada, porque yo No hablo
Solo fumo o follo
Según decías, por eso,
me querías
Como,
Joder, creo, que estoy solo,
Da igual,
por lo menos tengo tabaco.

Sujeta nena,
no seas bruta
Sujétate las tetas
No ves que estan duras
No ves que me revientan

Muévete nena, venga
Movimiento
Un buen meneo de tu culo,
pa alegrarme la noche.
Joder,
que hoy he tenido un día duro

Canta, canta maldita,
que quiero tranquilizarme,
que quiero relajarme.
Hazme llorar, con tu garganta

No me oyes,
crees qué,
con tu mirada y tu voz
ya tengo bastante.

No julietta,
aún no he tenido bastante
Tienes que herirme
Aún tienes que matarme.

Vientre plano
Caderas poderosas
Muslos redondeados
Tía, a que esperas,
para venir zumbando.

Ojos suaves
Pestañas postizas
Labios carnosos
Tía, a que esperas,
para pedir mi boca.

Mi niña, un dulce beso
Un dulce beso, pa mi niña
Mi niña arisca
Mi esquiva rubia
Dulce pezón,
de amargo sabor
Toma tu beso dulce
Toma tu beso de amor

Recorro,
las sombras de tu cuerpo
Huelo,
tus glándulas húmedas
No encuentro,
resquicios en tus defensas

Necesitaría otra vida
después de esta.
Siempre estoy riendo,
riendo de mis tretas

No necesito calor
ni comprensión.
Un polvito
es lo que quiero corazón

Ando perdidito
no consigo ver las estrellas,
sobre todo los viernes,
cuando te vas con ellas

No quiero tu calor
un polvito necesito.
Te has enterao ya, mi jodido corazón

Normas éticas
Eticas estéticas
Códigos
Maneras de conducta
Referencias
Formalidades
Buenas maneras
Maneras condenadamente éticas
Estéticas políticamente correctas

Códices romanos
Griegos
Cartagineses
Judíos.
Y por ultimo, cristianos

Joder tíos
que poca imaginación,
de tanta norma
jodidamente correcta,
no os duele la cabeza

He intentado adaptarme
pero cagaos,
vuestros códigos
estúpidamente correctos,
me dan cagalera

Prefiero seguir
soñando con ellas.
Prefiero seguir
colgado de ellas.
Prefiero seguir
Enredado;
en sus ojos,
en sus sonrisas,
en sus bocas,
y porque no,

también en sus tetas

Mis normas creo
que no os interesan.
Os digo algo,
son pocas,
sencillas y nada concretas,
solo me guío por una,
solo os pido una,
no hacedme el bien
pero joder,
no me toquéis las pelotas.

De acuerdo cagaos...
y que os den.
Bastante
de mis
partes.
No contestéis, solo besarme.

Soledades
Estereotipos
que solito estoy,
que poco me quejo,
estoy depre,
que cruel es el mundo,
nadie me quiere,
vaya mierda de vida,
joder, si lo sé no vengo

Voy al psiquiatra
me saca las calas.
Con esa pasta
me hubiera metido
un montón de rayas

Ahora
estoy, tieso
y con la jodia tarjeta caducada

Lo que jode
es que sé lo que quiero.
Un porvito con mi rubia
es lo de que de meter me tengo

Me juego los cojones
que la jodia no traga,
pero si me toca esa breva
solo le voy a pedir,
una cosita a mi nena

Que cuando se corra
con mi polla dentro,
me mire a los ojos,
pa decirle,
lo mucho que la siento

Cuello
Hombros
Camisa
Omoplatos

Tu nombre
Un secreto
A voces

Tu boca
inexistente
Mi seguridad
en el desagüe

Solo de soñarte
tiemblo
Me pongo la mascara
tiro pa lante

Mi sentimiento
cambia
Hoy sueño
quisiera follarte

Tu negativa
clara
Mis mensajes
también
Ni puñetero caso
se los lleva el aire.

Ando
despacio
Solo
me encuentro
Consigo
recibir el mensaje.

No te duches esta noche
No te hace falta

No lo entiendo
si ya sé, que no querías
pero un polvo es un polvo
Que quieres
un polvo a puerta gayola

Ya te dije
que era un tipo normal
Mis polvos son solo polvos

A que viene
eso de no ducharme
para que lavarme
Si cuando vengas
no estoy.

Debe ser que la higiene
es importante, sino
que me lo expliquen.

Discúlpeme
sabe donde me encuentro
Joder
ya empieza usted
con las preguntas

Le conteste hace media hora
que en el infierno.

Anda no jodas
Anda no me jodas
Tú también.

Desconozco
Los grandes
Los profundos
Los execrables
Los turbios
pozos de vuestros misterios

Sé,
que Dios no murió
que no lo mataron los romanos
que lo asesinaron sus propios hermanos
y los jilipollas aun lo andan buscando

Ignoro
Las alturas
Las vergüenzas
Las miserias
Las podredumbres
de todas mis vuestras mierdas

Conozco
La olor a meao de los bares de carreteras
Los pezones de sus tetas
El hedor de los moros en sus pateras
Las jugosas hendiduras de las hembras
El color de los muertos destripados en las guerras

¡Poetas!
A quién liberamos;
a Jesús
a los muertos en vida
a sus tetas
a todos esos moros en jodias pateras

Dejad de quejaos
lamentables y apestosos,
por lo menos comemos,
por lo menos tenemos gobiernos,

por lo menos tenemos las mierdas que nos
merecemos

Tías y tíos
Sí vosotros poetas
¡No tenemos ni una puta mierda!

Yo,
sigo llorando
pero no de pena, poetas
Sino de mierda, de mi propia mierda.
¡Joder que es la peor mierda!

Dejémonos hoy de rollos
De acentos
De comas
De dos puntos y dos puntos y comas
De haber o de deber con uve o con be
Dejémonos de mierdas.

Mientras voy por tabaco
abriré la ventana,
para que se ventile
o mejor,
me llevare conmigo toda esta mi nuestra mierda

Truenos
llega el verano,
despacio y andando
tus caderas van bamboleando

Que cachondo me ponen
las nenas,
cuando se menean

Que jodido verano,
como me gusta mirar
a las nenas en la arena.
Sus barriguitas
Sus caderas
Sus ombligos,
incluso sus pistoleras

Siempre he vivido en zona playera

Algunas son feas
Algunas son muy horteras,
pero todas se ponen morenas

Siempre he vivido en zona playera

Ahora me quito el sostén
Ahora me lo pongo
Ahora me baño
Ahora me embadurno de crema

Siempre he vivido en zona playera

Quiero un polo
Un cucurucho
Un crokanti,
mejor un poquito de crema
entre las piernas
Siempre he vivido en zona playera

Jodido verano.
Que buenas, espléndidas y morenas
se ponen las nenas.

Cigarrillos Camel,
mechero desechable,
gafas con filtro solar.
Tu piel blanca
dorada por el sol

Arena caliente
para tus pies fríos
El sol marca tu cuerpo
con albinas bragas de piel

Estoy de vacaciones
sin embargo,
no he dejado de fumar,
no he parado de follar,
no he conseguido olvidar,

Con calma,
Despacito,
no te tires de golpe,
acompasa tu pelvis
a mi ritmo

Tranquila.
no te agobies
esto, va pa largo
por mí, no te preocupes
llegado el momento
jodia, yo te aprieto

Esta noche
no hay prisas, Rubia
Esta noche, vas a  sudar
Esta noche, vas a disfrutar
Esta noche, niñata vas follar.

La decadencia
se ha posado en la ventana.

La nevera
está tan llena,

nosotros seguimos
huecos y vacíos

Entraron y
arrasaron con todo.
Los cristales sucios
escondieron nuestra cobardía

Hoy podemos seguir.
Mañana que se jodan

Cuando llueve, niña, te mojas los zapatos el aire produce remolinos en la arena de la playa, la susodicha se te mete en los ojos y no veas como distorsiona la realidad y ademas te jode.

No creas que estoy tirandote los tejos, solo que estoy salido y empalmao de algo tendremos que hablar, no vamos a estar todo el rato comiendo polos ( fijate que he dicho comiendo polos no chupandolos) ¿Borde? que mira que pa lo tonta que eres la chupas de cojones peazo de guarra.

Tu olor es un olor extraño
Me huele a chirri huraño

Tu pelo se enreda entre mis dedos
Mientras duermo, sueño que me ahorcas con ellos

No quiero tenerte escondida dentro del armario
Sal, y acuéstate conmigo, no te haré daño

No te protejas de mis manos
Ellas solo, quieren meterte mano

Descubrirte por la noche,
agazapada entre mis sueños

Enredarme entre tus muslos
jugando con mi lengua alrededor de tu coño

Oler tus partes mas reconditas
Acariciando despacio, pero energico
tus labios vaginales con mi polla

Mirando fijamente tus ojos
diciendote con los mios, todo lo que ya sabes

Te contare algo de lo que sueño,

Sueño que algun dia, que en algun momento podre contarte algunos de mis secretos mas ocultos.

Podre con una facilidad que no te lo esperas conseguir que por las mañanas estes deseosa de despertar para darte cuenta como florece tu primera sonrisa en los labios, al darte cuenta, mientras entreabres los ojos como aun sigo mirandote, como aun sigo sonriendote, (mientras esperas que despues de haberte corrido once veces con mi polla dentro el deseo se halla agotado) sorprendiendote que un hombre de mi edad sea capaz de olvidarse de su cuerpo y de su polla, para que con una inusitada facilidad sea capaz de volver a escitarte de volver a conseguir que tus glandulas mas intimas no paren de segregar ese determinado liquido oloroso y lubricante para que pueda volver a penetrarte suavemente con mi polla, mientras

CON MIS LABIOS
TE ROBO
TU PRIMERA
SONRISA
DE LA MAÑANA.......

Al pajaro ke kanta
tendremos que cortarle
el cuello.
La cabeza por un lado
El cuerpo por otro

Tú, no despiertes
volvemos a estar muertos.
La carne tropieza
mas de dos veces, en la misma piedra

yo, no puedo gritar
yo, no puedo gritarles
yo, no puedo gritarte

Mañana ¡joder!
Mañana será otro dia.

Las estrellas
Joder, con las estrellas
son solo putas piedras.

Cuando voy al lababo
me siento en el water
y a pesar de todo
mientras cago.
Joder,
Aún
Siempre
Sueño con ellas.

Cuando te sangren las encias
Cuando la salamandra pierda su encanto
Cuando no esté
Cuando esté muerto
Cuando los gusanos se coman mi ultimo esperma
Cuano seas tú, porque lo eres
Mira, ahi
en ese espacio, a tu izquierda
Ese espacio de dolor
Ahí estaré
siempre.

Un paso más
Un paso más ayá
del dolor
mirandote.

Cuando el viento me arrastre
Cuando la carretera acabe
Cuando la siguiente curva me aburra
Cuando tu quieras.

Mira,
Hacia ese espacio
Ya sabes
Ahí a tu izquierda
Estoy.

Siempre hay un momento
Siempre lo hay.
Ese instante
Ese lugar
Ese Espacio, ahí a tu izquierda
Para parar
Para sosegar tu polla y tu espiritu
Para plantarse
Para decir
Hasta aquí llego el agua
y, que os den
Bastante
de mis partes
Cagaos......

Podría hablarte
de tu boca
de tu lengua
de tus dientes
de tu culo
de tu coño
de tu belleza
Podría,

Podría hablarte
de tu saliva
de tus jugos
de vaselina
de tus ojos
de lo bien puestas que tienes tus pequeñas tetas
Podría,

Pero no jodia,
estoy cansao, asin que
estate quieta,
no me comas la cabesa
y ven,
ven aqui joder, que te la meta.

Ya basta, sakabo,
no me kalientes nena,
siempre ke bajo del coche,
siempre, ostias, la cago.

Mira que me lo repito
joer nene, no entres.
Tio, pa que te mojas el culo
Ya veras, pa variar
que ostia te vas a dar.

Paso del mundo real
mucho royito chungo,
mucho te kiero,
mucho techo de menos,
mucho dedimes, y dediretes

Ties un buen porvito
Ties un buen meneo
Ties un buen culito
pero joer, eres rubia
y con las rubias
siempre e tenio
royitos mu chunguitos

Ademas, ni soy ulises
ni pienso ir nunca a Itaca.
Ni mucho menos comprarme un chandall
Joer, que soy alicantino de capital.

Hoy
no
sé,
sí
he
echo
algo.

Acabado de ducharme,
terminado de afeitarme,
es lo ke hago siempre
antes de acostarme.

Sin embargo,
no
sé, sí hoy,
he echo algo.

Me gusta joderte.
Signos, lenguajes;
escritos,
orales,
virtuales,
digitales.
No sirven. NENA

Si lo que quiero es joderte
para qué,
perder el tiempo

IN - OUT
dentro - fuera
fuera - dentro

¡Cojones
no te enteras!

Si lo único
lo que sé,
lo que quiero
¡joder!
es eso, joderte

No hay tiempo
el tiempo no es nuestro
No queda
Se termino
el jodio tiempo

Ya sabes
no vengas,
porque si vienes
te doy un consejo,
ven con faldas y sin bragas

Porque

se me acabo el tiempo
Rubia.
Además, tengo prisa

Nena,
me gusta quererte
mientras sudas,
hueles tan agustito

Mientras
Pueda,
sudarte
olerte
tenerte
follarte

Tus normas
sus normas
las normas
mis normas
¡joder! me la sudan

Solo de pensarlo
se me pone dura,
y eso
que soy un tipo frio

ne ce si to
un ca nu to

fumar siempre,
me despeja
aunke siento, la cabeza suelta

creo
que el
sendero de oro
termino.

ne ce si to
un ca nu to

fumar siempre
me gusto,
hasta hartarme
nunca lo he conseguido

¡Jodia!
ni me canse de canutos
ni me cansare,de esperarte

Mierda

Edificios
llenos
familias enteras,
gritan en las escaleras

sus llantos, de adocenamiento
retumban en mi testadura

dejad que los niños
se acerquen a mi
no soy
ningun pederasta

jilipollas, soltarlos
al sol
dejarles jugar
sonreir,
risas, llantos de niños
es lo que siento,
DENTRO.

Fuera, ya
estan ellos
los que vinieron por mi

Pienso darles
esquinazo,
me escondere en mi cobarde, valentia

Os dije
Que no me cortarais los cojones
Un mierda sin cojones,
es un peligro
es un TERRORISTA de vuestras buenas
costumbres.

No tengo
imaginacion.
Deseo caricias
Mi universo
no existe.
Ahora,
estoy seguro

Tantas
vidas, historias, sueños
todos imaginados
alguno quiza real
Cual.

Como puedo saber
si existo
si duermo
si sueño
si siento
si soy
si eres
si estas
si somos dos
si somos uno

La Luna calienta
El sol me la pone fria
tus ojos se han perdido.

Palabras
Signos graficos escritos
Sabiduria
Torpeza
Ignorancia
Rebelion

Sujetos
personas
ellos, ellas, niñas, niños
Nosotros
vosotros

De que parte
estais
estamos
hay algo en alguna parte
hay parte de algo en otra parte

Quienes
soys
vosotros

y yo, y el, y los demas

En esta parte
Estoy yo
En la otra, QUIÉN

Despues de cenar
recojo las migas de pan
conecto la television
no miro
me levanto del sofa
noto un picor
en la punta
pongo el viejo casette portatil
he comprado un vieja cinta
suena una vieja cancion
nuevamente renderizada
que significara
"nuevas versiones
renderizadas de canciones viejas"
Todos lo saben,
no pienso enterarme,
en cambio las canciones
nuevamente renderizadas
llegan, me llegan, llegan.

- este beso entregado al aire es para ti-

muy bueno, me llega.

- No tocarte, quizas deborarte-

de cojones, llega, me llega.

No esta nada mal, joder
por 1.995 pelas
he comprado un trozo
no necesariamente peque¤o
de mi nueva version
de mi vieja alma, renderizada

Lo quiero todo;
La luna
El sol
Tarifa
El frio
y, el calor

Lo quiero todo;
El desierto
Tu compañia
Tu ausencia
Tu mala ostia
Incluso tu indiferencia

Lo quiero todo;
Las estrellas
Tus ojos
Tu boca
Tu culo
y, tus pequeñas tetas

Lo quiero todo;
Tus sonrisas
Tus rabietas
Tus engaños
Tus malos royos
Y, tus mierdas

Te aviso:
a tí
a ellos
a ella
a los cagaos.
Ya sé, lo que quiero
¡Joder!
Lo quiero todo.

Seguridad
en los andamios
Recogiendo
lentamente, las flores del edor, fresco y matutino

Surcando
sin mirar hacia atras
Delante
veo tus glandulas, naturales y mediocres

El tiempo de una eyaculacion,
no pertenecera a nadie
no me preocupa,
estoy envejeciendo
confio en ello.
espero que la vejez, calme mi polla

estoy jodido
estoy perdido
estoy empalmao
y no lo esperaba

ayer,
me tuve ke masturbar
despues de follar.
joder
lo ke me faltaba

viejo
canoso
decrepito
sin ideas
arrinconado
y, encima dandome pajas.

Tu grupa se adueña
jugueteando de mi polla.
Mientras te meneas,
con mi boca
comerte el coño quisiera

Un buen koño fresco
me komeria esta noche
plagada de tristeza.
En sueños, o despierto.

Poco importa

poco amor
o, poca vida
no es tan malo

si no tengo tus besos
de que cojones me preocupo

si no tengo tu calor
ostias, a pasar frio

si es tan facil
porke no follamos.

no te komas la cabesa
total, pa lo ke importa
total, pa lo poco que les importa
total, en el fondo, fijo, solo a mi me importas.

Las doce de la mañana
Tengo frio
Y, las estrellas bajan cansadas
yo, estoy empalmado
Hace un sol de cojones
te kiero por ke te kiero
y, me se da la real gana.

No te quiero para tenerte
Te quiero para follarte
No te quiero para ponerte un piso
No te quiero para hacer planes de vacaciones
No te quiero para elegir las cortinas a juego con las telas del sofa
No te quiero para ir al videoclub
No te quiero para que me preguntes si te sienta bien el nuevo rubio de bote
Te kiero para comerte el coño
No te kiero a las doce de la mañana,
toda arreglada y enmascarada
Te kiero recien despertada, con legañas, mocos y babas, a ser posible sin bragas
No te kiero de lista, mujer independiente, segura e inesperada
No te kiero vestida a la ultima,
toda orgullosa, toda falsa
No te kiero planchando
No te kiero echa una reina de tu casa
Te kiero debil, fragil, con curvas
y con las bragas bajadas

Te kiero porke te quiero
y se me da la real gana
Son las doce de la mañana
Tengo frio
Estoy empalmao
Hace un sol de cojones
y, las estrellas bajan cansadas.

Las olas
mecen la cuna del niño.
Ruborizado por el sol
Se despierta
alza los ojos
y llora.
Te mira
y sonrie.

Las galerias de tu cuerpo
escupen sangre.
Los contratos
derrumban los sentimientos.

Sudo
me corró
Son fluidos corporales
de lo que hablo.

Aunque ni yo mismo
me entero.

Te follo arriba
Te follo abajo

Te follo en la escalera
Te follo en el tejado

Te follé anoche
Te follé esta mañana

Te follare despierta
y si alguien no lo remedia
Te follare hasta que te vallas.

Mi niña anda no me jodas
vente conmigo al huerto
Que estoy loquito
por comerme tu coñito, FRESCO

Anda mi niña. enga
vente conmigo al huerto
Que estan las rosas
como locas, porverte
lo bonito que tienes ese, tu, cuerpo

Nacer,
nacemos solos.
Morir,
lo hacemos solos.
Follar,
ha veces con “h” lo hacemos
Otras,
pajas nos damos.

Sin estar cansado, duermo
Sin estar desnudo, me acuesto
Levanto tu falda, veo tu culo
y me empalmo.

Las nubes arrojan vomitos
Las entrañas de tu vientre
duras como soles.
No me mezas ni columpies
Atado como estoy.

Una curva sigue a la otra, muchas tetas no tiene. Se anuda el lateral de la braga del biquini, los pelos del coño sobresalen entren sus muslos.

La muy puta se esta acariciando los labios vaginales. Que jodia se pajea disimuladamente en la tumbona de enfrente. La miro directamente, cuando nuestros ojos se cruzan se humedece ligeramente la pulpa carnosa de sus labios, diciendome con ese gesto que le gustaria, que aqui y ahora, en esta puta playa de veraneantes de mierda, le comiera bien el coño y el culo, y una vez excitada, con el culo bien dilatado con mi lengua, le metiera solo la punta de la polla suavemente en todo el culete, como a ella le gusta.

Un buen pedazo de carne bien dura, restregadito con suavidad por el culo y el clitoris, seguido de una medio metida de polla en el culo muy suavesita hasta correrse, a la muy fina señora.

Yo, vuelvo a mirarla tocandome los genitales, y la sonrio. La jodia lo ha adivinado.

Sí, le restregare suavemente la polla por el culo, pero no la enculare solo con la punta, le metere toda la polla hasta los cojones, incluso con un poco de violencia, luego la muy fina señora sabe, que me la follare hasta que se corra once veces, y cuando me pida que me corra dentro de su coño, le hare un mete-saca rapido y vibrante para que se corra por ultima vez, consiguiendo que se relaje de una puta vez, OSTIAS.

Que nunca me he follado a una tia que sea tan dificil de satisfacer y que me cueste tanto aguantarme la corrida, que aunque sea mi mujer me pone la polla como una olla.

Despues cuando se duerma, con esa cara de niña que no he roto un plato en la vida, le mirare esas curvas que tie la jodia, y con mucha parsimonia y lentitud me dare una buena paja, y hasta otra.

Agazapado, disimulo
pero la tormenta acecha
Espero mi tiempo.

Mientras llega
me aguanto y me jodo

Los rezos y letanias
no calman,
me he vuelto egoista, jodia

He buscado tu coño
y no estaba..
Te lo abverti
no me toques mas los cojones
Ya sabes lo que quiero.

Y si lo has olvidado
te lo recuerdo.

Joder, lo quiero todo

Lo demas,
me importa una mierda.

Tú tranquila y confiada

Tú, no tienes la culpa, de estar tan buena
Tú, no tienes la culpa, de que te quiera

Si permanezco en silencio
Todos estamos callados

Delante el tiempo
Detrás, luces, sombras, hastio

Ponerte a cuatro patas
sin pedirlo
y darte bien por el culo

Correrme, sin hablar
ver tu saliba resbalar por mi polla
mientras te meto dos dedos por el culo
y, te corres otra vez, eyaculando
cosa rara para ser mujer

Estoy perdido contigo jodia
cuanto mas te follo
mas me pones cachondo

Verte entre las sombras, desnuda
consigue ponerme otra vez la polla dura
me levanto,
Te miro,
Te separo las piernas
Te meto la polla
Te corro otra vez.

Sin desempalmarme,
Te desaparezco
me da rabia, terminar de follarte.
No soporto el tiempo
entre un polvo y el otro.

Una flor, una rosa
Tú nombre, espinas clavadas
Las llagas no curan
Crees que estoy cansado de follarte, NENA

NO
Te tengo en el punto de mira.
y, si te preocupa mi polla
relajate, mi polla que se joda.

Levantarme un rato con este calor descuidadamente, ladeando un poco la cabeza para, esconderme. Del vacio sudoroso de mi cuerpo, cansado, de contar historias calenturientas a Juaquin, en la jodia barra del jodio bar de todas las noches.

Añoro el tiempo de las ginebras y soledades, de baruso en baruso, observando las caras de los otros borrachos tan perdidos y cirroticos como yo. El gran mentiroso.

Siendo mendigos de lo mismo, repitiendonos siempre la misma mierda de historia inventada y mentida.

Yo con mi edad, veinte años, ellos con cuarenta, cincuenta, sesenta incluso algunos con setenta, nunca habia nenas. Siempre la misma sensacion de compañerismo y camaraderia entre nosotros, nunca entendi esa circunstancia, nunca comprendi porque me encontraba entre ellos, sediento de ternura y de ginebra, nunca habia escrito sobre esto y creo que seguire sin hacerlo.

El tiempo se ejecuta

Si en tus ojos pudiera ver las señales del destino.......

La arena cubre la ceniza del cigarrillo a medio encender, el humo que exalaba por la nariz directamente de sus pulmones, me rozaba en la mejilla.

Nunca conoci persona que fumara de aquella manera, cada calada era como un ritual, sus labios chupaban el cigarrillo como si se tratara de un caramelo de limon.

Parecia que se le iva (16%) el alma detras a la muy estupenda RUBIA, lo que mas me jodia era que, la princesa me tenia dos dias sin follar. Y eso que aun no habian traido el postre porque la muy jodia, cuando se ponia a comer melocotones era, como si me dieran una patada en los cojones y la muy puta lo sabia.

Se ponia a rechupar el hueso como si le fuera la vida en ello, yo no podia dejar de mirarla, imaginandome que era la punta de mi polla lo que rechupaba. Irremediablemente despues de salir del restaurante le daran por culo a la abstinencia. La voy a engancha por detras antes de subir al coche y se ponga como se ponga, le hare un buen mete saca rapido y si se cabrea pos na, me la follo dos veces mas y que se joda.

Querias saber mi nombre

Soy el que te come el coño
Soy el que te susurra mentiras
Soy el que te mira
Soy el que entre sueños, te acaricia
Soy el que no deberia
Soy aquel , el que no querias
Soy el que te encula
Soy el que soy
Soy este, soy el otro soy aquel

Soy y no Soy

Quieres saber mi nombre

Soy el que no sabe follar
Soy el que no sabe bailar
Soy el que cuando viene la noche, se da pajas en la oscuridad

Te digo mi nombre

Si, has acertado, Soy YO

Soy el que siempre miente y siempre dice la verdad
Soy como soy, y aunque te joda, me quedare hasta el final.

El deposito lleno
La paloma negra vigila
El pajaro que canta, desnudo
Tabaco tengo. Tres cigarrillos

Imagenes ciego, el sol en too el cogote
Estar, estoy pero cansado
Ademas ostias, me he fumado los tres cigarrillos

Los ojos enternecen
las posturas que adoptamos
VEINTIUNO
CUATROCIENTOS
OCHOCIENTOS
CUARENTA

LA LETRA, JOER LA F

Aguantare la fortuna
Hay dias, que ya antes de despertar
Estoy hasta los coones y cabreao

Tus manos, hay Rubia tus manos
Me separan una eternidad del infierno.

Pasear con el coño que te gusta
Comerselo a bocaos
Chuparle bien las tetas
Tomar un te frio, mirandote a los ojos
sin preguntas de mierda

Rubia, cuatro cosas quiero

Redondo el culo
Gordas las tetas
Pezones duros, rosados
Coño prieto,  y pies grandes

Fisicamente destaca
pero de lejos
una vez boca a boca
una vez coñito con polla
te das cuenta
demasiadas lentejas
para tu vieja boca

Ella no era muy bonita
lo justo y suficiente.
No era la tipica tia
que te follarias, nada mas verla
Pero, bastaba.

Entré en la habitación descalzo sin hacer ruido, despreocupado. Mi pie derecho tropezó con una prenda de ropa de tacto suave. Replegué los dedos del pie en forma de pinza cogiendo la prenda, levantando la pierna acerqué la prenda a mi mano, llevándola hasta la mejilla rozándola suavemente en mi cara, oliéndola. Tenía un tacto como a goma liga y ese olor característico a coño limpio.

Sí, era ella, nunca ni en sus peores momentos, sus bragas han dejado de oler a coño limpio a coño de dios.

Lentamente guarde las bragas en mi bolsillo derecho del pantalón y seguí mi peregrinar sigiloso y calmado, cruzando la habitación camino del baño, mientras la oía respirar. Ella creía que no me daba cuenta, pero yo sabia que estaba despierta.

Tus pies descalzos
en la penumbra de las sabanas
aguantan
saturados
el peso de tu cuerpo

Tu boca amartillada,
Peparada
para comer sal y sangre
roza con los dientes
la punta de mi polla

Si rulo siento
el mudo asfalto
es el unico testigo de mis sobresaltos

Rostros, todos
desconocidos, asperos, solitarios
mudos, desconfiados, asqueados

Mil curvas
Tres mil semaforos
horteras, jilipoyas y camareras
Todos con sus moviles en las cartucheras

La aldea global
comunicaciones totales
Y JODÍA, mi movil
no suena, ni siquiera en Vera.

Las dos treinta
trescientos kilometros de ida
y aun, JODER, faltan los de vuelta
Tendre que parar a mear

El bar de carretera, lleno
gente, dispersa y fea

El bater  guarro
me he especializado en mear
sin tocar nada
Ultimamente toda la mierda
que se acumula en la bateres
de los bares de carretera
me produce, mucha dentera

Poesia, arte, literatura
bateres de bares de carretera
que coñazo.
Todo es una puta mierda
Como me coja estos muermos
Acabare dandome una pera

Despacio, acaricio su culo
Justo su culo.
Esa redondez redonda
Esa moya de carne
que se comeran los gusanos.

Pero ahora consigue
ponerla dura.

No la entendi
Ni la entiendo.

Tampoco hace falta.

Cada dia esta mas guapa
o mejor.

Puesta a cuatro patas, encima de la cama
con unas bragas rojas
consigue llevarme a la locura.

Que mas daba, por las tardes desde mi enfermedad, como la llamaban ellos, me dedicaba a pasear por las calles de lo que yo en otro tiempo, llamaba mi ciudad.

Todo estaba cambiado, o el que estaba cambiado era yo, gracias a mi enfermedad por fin habia conseguido las vacaciones perfectas, sin necesidad de viages halcon, ni de jodios atascos, que llevan a jodios lugares atestados de jodios gentios, por fin lo habia conseguido. El jodio cartero con oposicion vitalicia aprobada, para hacer un reparto de mierda mientras pone a caldo al que le paga y se queja de que no sepamos los jodios codigos postales, me la trajo por correo certificado y previa firma e identificacion me la entrego.

Ya estaba, el dictamen de los jodios medicos de la jodia seguridad social.

El paciente tal ... con dni mascual.... y edad tartual.... recibe la baja indefinida y vitalicia por haberle detectado un mal que en esta jodia sociedad no tiene cura ni tratamiento,( yo dige ni falta que le hace mamones ) y seguia.. El paciente debido a habersele detectado la enfermedad llamada "EXTRAVIAO" estara exento de trabajar y para evitar que su desinteres por los cosas importantes de la vida sea contagioso, no solo no debe trabajar en contacto con los demas asalariados sino a ser posible queda tambien excluido de los jodios viages del inserso, y acababa por lo cual firmos la presente: El doctor Madrugon Pa Na en representacion de la junta especial de bajas para tios que pasan.

Di gracias al dios que no existe, saltando de alegria, por fin; una pension, sin currar, para poder pasear por mi ciudad que ya no era mi ciudad.

## UNO DE NOSOTROS

Se acercan con cara espanta
como no nacidos
Arrastrando su marca, en los ojos.
Se saben culpables
ellos no necesitan
juicios, juezes ni verdugos

Levanto la vista
la miro directo, con pena
con tristeza
con soledad
me reconozco, en su mirada

Los comentarios siguen jodiendome los oidos
Yo le daria pa un bocadillo
No jodas, ni se te ocurra
Si se lo gastan todo en JACO.
Deberian retirarlos de las calles
Has visto la marca de sus brazos
Seguro que tiene sida

Con verguenza
bajo los ojos.
Nos hemos reconocido
Me siento como ella
No necesito meterme jaco
ni cualquier otra mierda
Para ser como ella

El camarero se rie de su puta gracia jocosa
en otro tiempo me hubiera cagado en sus muertos

Ella sin su limosna
nos abandona sin una queja
Sigue su camino
Hundida, echa una mierda

Pero jodidamente victoriosa.

Ella, no tendra que trabajar
para el estado del bienestar

Ella, no tendra que fichar
para drogarse con nuestras mierdas

Ella, no tendra que madrugar
para poder comprarse unas bragas
mu suaves con alas de marca PRINCESA

Ella, no se sentira feliz
de tener la regla

No, Ella no.

Ella chupara algunas de vuestras pollas
pa sacarse unas pelas,
Se comprara un gramo mierda
y mu sola mu sola,
se lo metera en las venas.

Sentarme despacio en la escalera
viendo nuevamente tus colores
Mientras, te espero
alumbro con velas
esta oscuridad que me ciega.

Hoy no hablo
ni de coños
ni de culos
ni de tetas
ni de jodias vergas

Hoy hablo de luz
De colores
sobre todo, de tu languida pereza.

Sediento de sangre,
sentado otra vez en la escalera.
Las ideas revuelan, vienen y van

La letania, se ha vuelto del reves
Golpea los dientes, carcomidos
por arrobas de pan. Resurgiendo
entre las cenizas.

Tu cuerpo, lleno de turbia lujuria
puede, llegar a relajar
La pieza escondida en el merchero

Los colores dicen, grises
Yo, digo una mierda
sigo viendo verdes, rojos, morados

Los rizos del pelo de tu coño
negros. Tus labios vaginales
puros, castos, rojos, color sangre

Tu sabor casi agrio
Tu olor casi mustio
Tu sudor anacarado

Estas cadaver,
o muerta

polvos, detras de polvos
muerdo tu culo
espero sin espera
resulta tedioso
tener tantas
y si me como un haba
mejor, que se joda
la estanquera.

Se la chupo
Se la como
Se la meto
Me la follo

Buena esta la Nena
Buena esta la Jodia
Buena esta la Rubia

Descalzo subo la colina
que  lleva al camposanto
Los rostros que observo
Son reconocibles.

Sentado espero
que pasen los caballos,
Sudados, agotados

A espuertas tu nombre
lo llevo grabado en la solapa
Por donde quieres ir,
Si siempre llegamos tarde.

Que dices coño
Que no te escucho

Alardeando, con las orejas rojas,
encendidas, restregadas contra
el calor que produce tu vientre

Carcoma escondida
Detras de las piezas rotas del cristal
Envuelto en mantas, protegiendome
del miedo.
Unas veces bien, otras mal

El derecho del reves
La izquierda a la derecha

Subo descalzo, la cuesta
que me lleva a tu colina
Tus caderas aprietan, mi polla no responde

Hoy que las canas aclaran mi cabello oscuro. Hoy que mi polla es capaz de permanecer durante horas dura y dispuesta pa too el coño que se mueva. Recuerdo la jodia ventana de mi cuarto. La recuerdo como si el tiempo, las alegrias, los sueños rotos, los sueños realizados, los sueños follados, los sueños por follar, las tetas admiradas, las tetas deseadas, las tetas comidas a dentelladas, los culos apretados, las bragas marcadas en esos culos, los culos enculados. No hubieran mermado esa caracteristica que tengo de recordar las escenas como si acabaran de ocurrir.

Hoy en este momento de mi vida jodia, en estos extertores sexuales de cuarenton con sindrome de adolescente, la recuerdo.

Era una ventana vulgar de madera de obra barata, pintada en gris, como si fueran los barrotes de hierro pintado de cualquier carcel vulgar de aquella epoca, (buen gusto tenia el hijodeputa que escogio el color) daba aun patio de vecinos interior, de un edificio de cuatro plantas y dos pisos por planta, tan de moda por la epoca que venian a sustituir a las celebres casitas de planta baja de los barrios cercanos a los centros de tantas capitales de este mierda de pais, que le entro como un desenfreno por construir de forma indiscriminada y a bajo precio bloques de edificios todos iguales e igualmente feos, que tanto le deberian gustar al maricon del general, que por un lao mataba dos pajaros de un tiro, le daba a los obreros un salario de mierda y contribuia al enriquecimiento de todas sus tribus, alcaldes, empleaos de ayuntamiento, sindicalistas verticales, (me hace gracia lo de verticales, debia de ser que no follaban los cabrones) y toa clase de gorrones del regimen. Todos estos hijosdeputas consiguieron cargarse mi barrio.

Pero en fin son cosas que pasan, y por lo

menos a mi me quedaba toda mi adolescencia y sobre todo mi ventana.

El edificio era de caracter familiar y algun que otro inquilino de bajo alquiler y de mas bajos recursos, casi siempre las puertas estaban abiertas y habia una convivencia basada en el uso de determinados utensilios que se encontraban en cada vivienda, en unas habia todo tipo de instrumentos musicales en otras de costura, utensilios que se compartian dada la escasez de la epoca.

Yo era un privilegiado, mi familia disponia de dos viviendas del edificio, la planta baja donde vivian mis padres y el primer piso, donde vivamos mis hermanos, la tata y yo, y para mi fortuna la maquina de coser que usaban todas la mujeres de la finca.

No recuerdo cuando paso pero un dia de verano de un calor de la ostia, cuando mi tia la vecina de enfrente paso a coserse unas faldas en la singer, y empezo a desabrocharse un poco la blusa para que el airecito que entraba por la ventana le refrescara un poco, vislumbre entre el escote el principio de unas tetas inmensas que se me asemejaron al mismo demonio, pero produjo una extraña sensacion en mi picha, no le di mucha importancia hasta que empezo a inflarse y ponersa dura como nunca notandose ya descaradamente el bulto en el pantalon.

Mi tia seguia cosiendo como si nada haciendome preguntas triviales sobre el colegio y que si me gustaba ir, al mismo tiempo con el traqueteo de la maquina me entro como un ensueñamiento y permanecia como adormilado mirando como con el movimiento acompasado de los pies para mover el motor de la singer las tetonas parecian que se iban a salir del corse que las mantenia prisioneras y sudorosas. Ahora al recordar me doy cuenta como la muy puta estaba jugando conmigo. Ella me miraba con un dulce sonrisa y quejandose del calor y haciendo comentarios como que yo era muy niño aun, se desabrocho todo el dalantero de la blusa y se solto el corse, en ese momento saltaron las tetorras para fuera y pude ver por primera vez unas buenas domingas en vivo no como en esas revistas guarras que tenia mi hermano el mayor.

En ese momento mientras la putorra de mi tia me miraba con una ligera sonrisa me puse rojo como el pimenton al notar que su mirada se dirigia hacia mi bragueta donde se empezaba a notar la mancha que la corrida que me estaba dando producia en los alrededores de mi bragueta.

Sin decir nada sali corriendo de la habitacion de costura y del piso y no pare hasta que me encontre en el escampao donde iba a jugar al furbol con los amigos y a medicos con las nenas del barrio.

LOS CABALLOS
GALOPAN RAUDOS
REMOBIENDO
LA TIERRA DE MI TUMBA.

DESCALZO
Y DEPACIO
SUBO
LA COLINA
QUE ME LLEVA
AL CAMPOSANTO